NÃO FAÇA BIRRA, FAÇA ECONOMIA

AGRADECIMENTOS

A Guto e Nikolas, meus filhos
companheiros e amigos...
sempre

ÍNDICE

APRESENTAÇÃO........7

CAPÍTULO 1..............9
Minidicionário

CAPÍTULO 2...........13
Vamos tentar economizar?

CAPÍTULO 3...........21
Lá vem a turma...

CAPÍTULO 4.........55
Você sabia?

CONCLUSÃO............59

APRESENTAÇÃO

Oi, amiguinhos! Aqui quem fala é o tio Ni, fico feliz em poder compartilhar este bate-papo com vocês. Neste livro, você terá a oportunidade de aprender a fazer um planejamento para conquistar os seus desejos e as suas necessidades.

Vamos entender como nasceu o dinheiro e um pouco de sua história!

Bacana, né?

Aproveitem o dicionário para que as palavras façam sentido e para que vocês possam entrar no mundo maravilhoso das finanças.

Poder conhecer a turminha do Amazing Balls vai ser bem legal!

Vamos ler e nos envolver nas aventuras dos Amazings.

Convido vocês a se deliciarem e descobrirem que não é chorando que se conquistam as vontades, os desejos e as vitórias, e sim, com um excelente planejamento!

Então, chegou a hora...

Não faça birra.... Faça economia!

Capítulo 1
MINIDICIONÁRIO

Criançada, vocês sabiam que o dicionário pode ser o nosso melhor amigo quando nos sentimos perdidos ao compreender um texto?

- Agência bancária: filial do banco.

- Banco: estabelecimento cuja atividade consiste em fazer empréstimos e receber depósitos, efetuar pagamentos, comprar e vender dinheiro e outros valores que o representem.

- Bancário: funcionário do banco.

- Banqueiro: dono do banco.

- Cartão de crédito: com ele podemos fazer compras sem o uso do dinheiro e também parcelar com juros cobrados pelo banco.

- Cartão de débito: registra o pagamento por parte do consumidor. O dinheiro sai da conta corrente na hora da compra.

- Cheque: é uma ordem de pagamento.

- Conta corrente: é uma conta individual no banco, que mostra todo o dinheiro que a pessoa depositou e todo o dinheiro que ela gastou.

- Cédula: papel que representa o dinheiro emitido pelo governo.

- Depósito: ato de depositar, ou seja, dar para o banco guardar.

- Dinheiro: é tudo que representa e que tenha valor econômico e financeiro. Espécie monetária representada por papel ou por moeda.

- Extrato bancário: relatório de débitos, de créditos e de saldos em uma conta bancária.

- Inflação: desordem monetária, devido ao aumento exagerado dos preços na economia do país.

- Moeda: unidade representativa de valor, dinheiro em circulação em um país em forma de metal.

- Orçamento familiar: previsão de receitas e despesas num determinado período de tempo.

- Planejamento: trabalho de preparação para qualquer empreendimento, no qual se estabelecem os objetivos, as etapas, os prazos e os meios para a sua concretização.

- Poupança: ato de poupar, economizar.

- Renda: valor recebido como resultado do trabalho, investimento ou bens.

- Salário: remuneração por um trabalho realizado.

Capítulo 2
VAMOS TENTAR ECONOMIZAR?

Se você tem um ganho semanal ou mensal, que vamos chamar de semanada ou mesada, ele fará parte do seu planejamento.

Saiba que com esse "dindin" você poderá comprar as coisas de que tem vontade.

Se você quiser algo que tenha um valor maior do que recebe, terá de esperar um pouco para conseguir.

É muito importante que aprenda a entender o que é necessário e o que é apenas um desejo passageiro.

Necessário é aquilo que a gente precisa de qualquer jeito.

Desejo passageiro é algo que depois que conseguimos, perdemos o interesse rapidinho.... Será que você se lembra de algum brinquedo que desejou muito e que depois de algumas horas deixou para lá e nem se lembra mais de que ele existe?

MÃOS À OBRA

Data	Histórico	Entrada	Saída	Saldo

Este livro contém, em uma das páginas, alguns exemplares de um Diário de Caixa, peça para um adulto recortar ou simplesmente tirar cópias, separe também um lápis ou caneta nas cores azul e vermelha, para os lançamentos dos dados. Vamos tentar aprender a utilizá-los?

O lápis azul será utilizado para marcar no bloquinho sempre que o "dindin" entrar.

O lápis vermelho sempre que você usar o dinheiro para comprar ou para pagar algo ou alguém, ou seja, sempre que o "dindin" sair.

O saldo é o fim da história, ou seja, se ele for devedor, o sinal será vermelho e representará os débitos com um sinal de subtração (-).

Já se você guardou mais do que gastou, este será azul (saldo credor) e o sinal que representará os créditos será o sinal de adição (+).

Histórico

No espaço histórico, você vai escrever, usando o lápis azul, de onde veio o seu "dindin"!

- Se da semanada ou da mesada.

- Se foi um presente de alguém da família.

- Se realizou alguma tarefinha para os seus pais.

- Ou se veio de outros ganhos.

Neste espaço, com o lápis vermelho, você também vai anotar o que pagou com o dinheiro.

Data	Histórico	Entrada	Saída	Saldo
01/08	Semanada			
03/08	Presente da vovó			
20/03	Doação de brinque-dos velhos			
28/03	Pacote de figurinhas			

Entrada e saída

No campo entrada, você vai colocar o valor que você recebeu em azul.

Data	Histórico	Entrada	Saída	Saldo
01/08	Semanada	10,00		
03/08	Presente da vovó	5,00		
20/03	Doação de brinque-dos velhos	2,00		

E no campo saída, tudo o que você gastou em vermelho.

Data	Histórico	Entrada	Saída	Saldo
01/08	Semanada	10,00		
03/08	Presente da vovó	5,00		
20/03	Doação de brinquedos velhos	2,00		
22/03	Pacote de figurinhas		3,00	

SALDO

A lacuna saldo é o que ficou em seu poder, e é sempre fantástico que essa lacuna esteja na cor azul.

Porque isso representa que você conseguiu administrar os seus desejos e as suas necessidades e ainda guardou um dinheirinho! Bacanérrimo.

Parabéns!!!

Data	Histórico	Entrada	Saída	Saldo
01/08	Semanada	10,00		10,00
03/08	Presente da vovó	5,00		15,00

Data	Histórico	Entrada	Saída	Saldo
20/03	Doação de brinquedos velhos	2,00		17,00
22/03	Pacote de figurinhas		3,00	14,00

Cofrinho

Você também terá a oportunidade de fazer o seu próprio cofrinho, o Zureta vai te explicar tudo de forma fácil, e tenho certeza que ficará muito bacana ainda mais que você vai deixá-lo super recheado de "dindin".

Aproveite para guardar o saldo.

Sempre que você tiver entrada e saída de dinheiro, coloque em seu diário de caixa e mantenha o seu saldo atualizado. Assim, não será necessário contar as suas economias, basta ver os valores em seu bloquinho. Isso evita ter de "quebrar" o cofrinho.

Quando você decidir que vai comprar algo, tente fazer uma pesquisa, ou seja, procure saber quanto custa.

Sabendo o valor, é importante calcular quanto tempo você vai demorar para juntar esse "dindin", ou seja, você agora já está planejando as suas compras.

Sendo um valor que você já tem em saldo, não se esqueça de lançá-lo em saídas.

Exemplo

O Naboleon combinou com os seus pais que receberia toda semana R$ 7,00.

Data	Histórico	Entrada	Saída	Saldo
01/08	Semanada	7,00		7,00

Sabendo que Naboleon havia se comprometido a guardar para comprar uma bola de capotão, seu avô decidiu dar uma ajudinha de R$ 2,00.

Data	Histórico	Entrada	Saída	Saldo
01/08	Semanada	7,00		7,00
02/08	Vovô me deu	2,00		9,00

Naboleon passou na lanchonete da escola e comprou um pirulito no valor de R$ 1,00.

Agora, o lançamento é na saída, pois o dinheiro saiu do caixa de Naboleon.

Data	Histórico	Entrada	Saída	Saldo
01/08	Semanada	7,00		7,00
02/08	Vovô me deu	2,00		9,00
04/08	Comprei um pirulito		1,00	8,00

Você viu que todas as entradas foram somadas ao seu saldo e que todas as saídas foram debitadas do seu saldo? E hoje o Naboleon tem no cofrinho o total de R$ 8,00.

Para a próxima página do diário de caixa, você terá que fazer o transporte desse valor, para manter-se atualizado.

Criançada, existe a possibilidade de necessitarmos de algo e de não termos todo o "dindin"! Podemos, às vezes, negociar um "empréstimo", porém, devemos lembrar de que todo acordo deve ser respeitado. Portanto, se houver necessidade de uma ajuda financeira, mesmo que ela seja de seus pais, você tem o dever de devolver.

Economizar dá trabalho, é uma tarefinha diária, e esse hábito pode ser fundamental para toda a sua vida e para torná-lo uma pessoa de sucesso!

Capítulo 3
LÁ VEM A TURMA...

Olá, criançada, somos os AMAZINGS!!!!
Um grupo de amigos que mora no mesmo condomínio. Aprontamos muito quando estamos juntos e o seu Zé, o zelador, fica doidinho! Mas a nossa amizade é muito valiosa, dinheiro nenhum pode comprar o carinho que temos uns pelos outros!

Riqueza garantida

Sou o Ênio. Tenho nove anos e uma irmã ainda bebezinha. Adoro andar de bicicleta, ler gibis e colecionar figurinhas.

Hum... Sou fã de salgadinho!!! Mas só posso comê-los às sextas-feiras na escola!!!!

Em casa, às vezes faço as minhas tarefas. Outras, minha mãe faz para mim. Mas esse é um segredo nosso, está bom ? Rsrs. Não gosto muito de guardar os meus brinquedos depois de brincar, nem de arrumar minha cama.

Sou a Sissy. Tenho sete anos. Sou filha única e as pessoas dizem que sou mimada... Aff! Eu não sou não!!!

Minhas brincadeiras preferidas são: minhas bonecas, vestir os sapatos da minha mãe (lógico que faço isso escondido dela rsrs)... Desenhar, pular corda e dançar!

O que me deixa triste é quando eu peço algo para os meus pais e eles dizem não... Então, eu choro muito, "muitão" mesmo!

Riqueza garantida

Olá, eu sou o Naboleon. Tenho oito anos, um irmão mais velho e um mais novo.

Gosto muito de ir para a escola, porque lá eu jogo futebol. Sou muito bom no skate, mas minha mãe não me deixa brincar na rua.

Fico muito bravo quando o meu irmão mais novo pega os meus brinquedos, porque tenho medo de que ele os quebre.

Zureta é o meu nome. Tenho oito anos. Moro com a minha tia, com o meu tio e com o meu priminho de dois aninhos.

Sou muito brincalhão, não levo nada muito a sério. Faço amigos com facilidade, gosto de jogar videogame e assistir a desenhos. Não gosto de ir à escola, nem de fazer a lição de casa.

Riqueza garantida

> CRIANÇADA, O ÊNIO TEM UM TRABALHO MUITO IMPORTANTE PARA ENTREGAR NA ESCOLA. ENTÃO, ELE PEDIU A AJUDA DE SEUS AMIGOS E ELI FICARIA MUITO FELIZ SE VOCÊ TAMBÉM PUDESSE AJUDÁ-LO... O TEMA DO TRABALHO É O DINHEIRO! "BORA" COMEÇAR?

> CADÊ O ÊNIO, HEIN?? ELE "INTERFONOU" LÁ EM CASA E DISSE QUE ERA URGENTE...

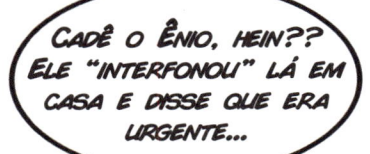

AH! VOCÊ NÃO CONHECE O ÊNIO? ELE É TODO DRAMÁTICO, MAS TAMBÉM ESTOU CURIOSA HAHA

Hi! Hi! Hi! Hi!

OIEEEE, TUDO EM CIMA PESSOAL? PUTS, ESTOU COM UM PROBLEMÃO PARA RESOLVER... AFF!!

Riqueza garantida

CHEGUEEEEI!! O QUE ACONTECEU, ÊNIO? SEU ZÉ DESCOBRIU QUEM ESTAVA TOCANDO AS CAMPAINHAS NOS APARTAMENTOS?? QUE MEDOOOOOO...

ENTÃO ERA VOCÊ, NÉ, MOLEQUE! EU SABIA... NÃO LHE FALEI, NABOLEON!!

— PESSOAAAL, BORA PARAR COM ESSE PAPO FURADO E PRESTAR ATENÇÃO: ESTOU PRECISANDO DE UMA AJUDA DE VOCÊS...

Riqueza garantida

> O QUE ERA TÃO URGENTE, HEIN? TÔ MUITO CURIOSO... CONTE LOGOOOO...

> DINHEIROOOOOO...

EITA, TÔ FORA.
TO DEVENDO PARA MINHA
TIA QUE NEM SABE QUE
PEDI PARA ELA UM DINDIN PARA
PAGAR MEU TIO,
QUE NEM SABE QUE PEGUEI EM-
PRESTADO PARA PAGAR
MINHA TIA... AFF.... VOCÊS
ENTENDERAM, NÉ??

Riqueza garantida

> NÃO TENHO NADA, NADINHA, NEM UMA MOEDINHA... MEU PORQUINHO É SÓ O ESQUELETO HAHAHA

Ai, amigão, acho que tenho uns R$10,40 guardados. Estava economizando para comprar uma bola de capotão.

Riqueza garantida

> PESSOAL, NÃO TÔ QUERENDO O DINHEIRO DE VOCÊS, NÃO... DINHEIRO É O TEMA DO MEU TRABALHO DE HISTÓRIA. ACREDITAM QUE ELA ME DEIXOU DE RECUPERAÇÃO? PRECISO TIRAR NOVE NO MÍNIMO. VOCÊS VÃO ME AJUDAR, NÉ?

> OLHA, A ÚNICA COISA QUE SEI SOBRE DINHEIRO É QUE ELE NÃO NASCE EM ÁRVORE E QUE NÃO É CAPIM, PORQUE MEU TIO VIVE FALANDO ISSO PARA A MINHA TIA, TODA VEZ QUE ABRE A FATURA DO CARTÃO DE CRÉDITO OU RECEBE A CONTA DO TELEFONE...

Riqueza garantida

> POSSO OLHAR NO DICIONÁRIO O SIGNIFICADO E PESQUISAR NA INTERNET QUANDO CHEGAR EM CASA...

MEU IRMÃO MAIS VELHO TRABALHA NO BANCO, TENHO CERTEZA DE QUE PODE ME DAR UMAS DICAS BACANAS...

Riqueza garantida

> BACANÉRRIMO. ENTÃO, PESSOAL, AMANHÃ NOS VEMOS LÁ NO SALÃO DE FESTAS... POXA, SABIA QUE PODIA CONTAR COM VOCÊS... DEIXE-ME IR QUE HOJE PRECISO ARRUMAR O MEU QUARTO DE TODO O JEITO... QUEM SABE ASSIM MEUS PAIS NÃO FICAM BRAVOS COM A MINHA NOTA VERMELHA DE HISTÓRIA!

NO DIA SEGUINTE, ELES SE REUNIRAM NO SALÃO DE FESTAS, TODOS EMPOLGADOS, PARA COMPARTILHAREM O QUE HAVIAM PESQUISADO.

E AÍ, TURMINHA...

Riqueza garantida

> GENTEEEEEEEEE! DESCOBRI UMA COISA MARAVILHOSA... SABEM QUANDO EU GRITO, CHORO E FICO TRISTE COM MEUS PAIS ASSIM QUE ELES ME DIZEM NÃO? ENTÃO, O NOME DISSO É BIRRA HAHAHA... MAS O MAIS LEGAL FOI DESCOBRIR QUE SE NOS PROGRAMARMOS, ECONOMIZARMOS E ENTENDERMOS QUE NEM TUDO O QUE QUEREMOS TÊM DE SER NA HORA QUE SOLICITAMOS, PODEMOS TER TUDO... SÓ QUE EM OUTRA HORA, HAHAHA...

EITA... QUE CONFUSÃO, SISSY! HAHA... BEM, ENCONTREI UM SITE BACANA QUE ENSINA A FAZER UMA TABELA PARA ADMINISTRAR O "DIN-DIN". VOU TENTAR FAZER ESTA SEMANA... TENTAAAARRR!!!

Riqueza garantida

> EU PEDI PARA O MEU IRMÃO FALAR A RESPEITO DO QUE VIVENCIA LÁ NO BANCO E ELE ME CONTOU QUE ALGUMAS PESSOAS PEDEM DINHEIRO PARA O BANCO E NA HORA DE DEVOLVER TÊM DE PAGAR MUITO MAIS. TAMBÉM ME CONTOU QUE ALGUMAS PESSOAS TÊM DINHEIRO GUARDADO E QUANDO ISSO ACONTECE, O BANCO SEMPRE PAGA UM POUCO A MAIS DO DINHEIRO PARA ESSA PESSOA.

Uau, que bacana, amigos... Pesquisei sobre o nome do dinheiro no mundo e descobri que na Europa ele se chama euro; nos EUA, chama-se dólar; no Japão, yene, e aqui no Brasil já recebeu vários nomes: reis, cruzeiro, cruzado, até chegar em real... Esquisito, né?

Aaaaah! Já sei... Onde será que podemos ir para mudar nosso nome?? A partir de agora serei Priscila...

"Depois eu que sou o doido, né? Pare com isso Sissy..."

SISSY? PRISCILA! ME CHAME DE PRIS-CILA SE QUISER CON-TINUAR SENDO MEU AMIGO...

AIAIAI...

SISSY, SISSY, SISSY... VOU CHAMAR VOCÊ DE SISSY SIM! PORQUE ESSE É O SEU NOME... SUA MIMADA! E TEM MAIS, VOCÊ É GENTE... NÃO PODER FICAR MUDANDO DE NOME, NÃO... OWWNN!!!

Riqueza garantida

> PESSOAL, TIVE UMA IDEIA... VAMOS PARAR DE CHILIQUE E FAZER UMA EXPERIÊNCIA... VAMOS COMBINAR DE FAZER UM PIQUENIQUE... SÓ QUE VAMOS NOS DIVIDIR E CADA UM TRAZ UMA COISA. SÓ NÃO VALE PEDIR DINHEIRO PARA NOSSOS PAIS... TEMOS QUE REALIZAR ESSE PIQUENIQUE COM NOSSA SEMANADA!!! QUEM TOPA??

"Ai... Será que consigo? Tenho que comprar figurinhas, o salgadinho da sexta-feira e aquela edição extra do meu gibi preferido!"

Riqueza garantida

> EU ADOREI O DESAFIO... NUNCA GUARDEI DINHEIRO EM TODA A MINHA VIDA! SERÁ UMA NOVIDADE MESMO! HAHA...

> VOCÊ SÓ TEM SETE ANOS, OH... AI, SISSY, ÀS VEZES VOCÊ É TÃO ENGRAÇADA! BEM, VOU TENTAR... TENTAR! PORÉM SE EU FOSSE VOCÊS, FARIA UMA BOQUINHA EM CASA ANTES DE IR PARA O PIQUENIQUE. TENHO MEDO DE FAZÊ-LOS PASSAR FOME... HAHAHA

> E ASSIM OS DIAS FORAM PASSANDO PARA OS AMAZINGS. A SEMANA ESTAVA CHEGANDO AO FIM.... LOGO SERIA SÁBADO. A EXPECTATIVA DE DESFRUTAR DE UM DELICIOSO PIQUENIQUE ORGANIZADO SOMENTE POR ELES ERA ENORME.

> OBA! CHEGOU O GRANDE DIA! DEIXA-ME VER, JÁ PEGUEI A CESTA, A TOALHA, O SUCO E OS PACOTES DE BOLACHAS. POXA, AINDA SOBROU DA MINHA SEMANADA R$0,90. VOU JUNTAR COM O QUE JÁ TENHO PARA COMPRAR MINHA BOLA DE CAPOTÃO.

CARAMBA, COMPREI OS REFRIGERANTES, O PÃO DE FORMA E O REQUEIJÃO... NÃO POSSO ME ESQUECER DE LEVAR OS COPOS.
QUE BACANA, COMPREI TUDO O QUE EU QUERIA, SÓ QUE EM MENOR QUANTIDADE. MAS LEGAL MESMO É PODER ESTAR NESSE PIQUENIQUE COM MEUS AMIGOS AMAZINGS.

GENTE, NÃO ACREDITO! COMPREI TORRADAS, GELEIA E O MEL... E UM VASO DE FLORES PARA ENFEITAR NOSSO PASSEIO. ESPERO QUE OS MENINOS GOSTEM! NÃO POSSO ESQUECER OS GUARDANAPOS... QUE EXPERIÊNCIA LEGAL PODER ESCOLHER O QUE COMPRAR... ADOREI TER MEU PRÓPRIO DINHEIRO E CUIDAR DELE.

UAAAALI! ESTOU ORGULHOSO DE MIM... COMPREI A TORTA DE MORANGO, O IOGURTE E O PÃO DE QUEIJO... E NEM TIVE DE PEDIR "DINDIN" PARA MINHA TIA. VOU ARRUMAR A CESTA E COLOCAR AS SACOLAS PARA A GENTE GUARDAR O LIXO. E, LÓGICO, O MAIS IMPORTANTE PARA UM PIQUENIQUE: O POTE DE FORMIGAS QUE EU MESMO CACEI... A SISSY VAI ME MATAR... HAHAHA ADORO PROVOCÁ-LA.

CHEGOU O GRANDE MOMENTO: SÁBADO. ESTÃO TODOS ENTUSIASMADOS PARA CONTAR AS SUAS EXPERIÊNCIAS E CURTIR ESSE PASSEIO TÃO ELABORADO!

NABOLEON FOI O PRIMEIRO A CHEGAR E JÁ FOI ESTICANDO A TOALHA E RETIRANDO AS GULOSEIMAS DA CESTA. SISSY CHEGOU COM ÊNIO E TAMBÉM FORAM AJUDANDO A MONTAR O CENÁRIO COM O LINDO VASO DE FLORES. POR ÚLTIMO, CHEGOU ZURETA, QUE NÃO PERDEU A OPORTUNIDADE DE PROVOCAR SISSY, SOLTANDO AS POBRES COITADAS DAS FORMIGUINHAS, QUE TRATARAM DE FUGIR PELO MATO AFORA. ESTAVAM TODOS MUITO FELIZES POR TEREM REALIZADO UMA TAREFA QUE PARECIA IMPOSSÍVEL.

QUANTO AO TRABALHO DO ÊNIO... BEM, ELE ENTREGOU E TIROU UM DEZ, PORQUE CONTOU A HISTORINHA DE SEUS AMIGOS PARA A PROFESSORA, QUE ACHOU TUDO TÃO INTERESSANTE E RESOLVEU DAR OUTRO TRABALHINHO, SÓ QUE AGORA PARA OS PAIS E MÃES: LER O LIVRO DO TIO NI...RIQUEZA GARANTIDA.

Capítulo 4
VOCÊ SABIA?

Amiguinho, os Amazings estão super empolgados com o trabalho do Ênio.
Olhe só as curiosidades que eles encontraram sobre dinheiro.

- VOCÊ sabia... Que antes do dinheiro ser inventado o tipo de comércio existente chamava-se escambo (ato que consistia na troca de determinados produtos por outros)? Como não existia o dinheiro, os homens plantavam e caçavam, depois trocavam as suas mercadorias uns com os outros. Iniciou-se, assim, o comércio.

- VOCÊ sabia... Que os astecas usavam como moeda de troca o chocolate?
- VOCÊ sabia... Que na China usavam bambus coloridos como forma de escambo?
- VOCÊ sabia... Que os árabes usavam dinheiro em fios?
- VOCÊ sabia... Que o bem mais usado como moeda de troca era o gado, pois se multiplicava entre uma troca e outra?
- VOCÊ sabia... Que os romanos usavam o sal como material de troca e daí surgiu o termo salário?
- VOCÊ sabia... Que essas práticas também eram comuns no Brasil, onde os portugueses davam espelhos, chocalhos e pentes aos indígenas em troca de pau-brasil?
- VOCÊ sabia... Que o primeiro rosto a ser gravado em uma moeda foi o de Alexandre, o Grande?
- VOCÊ sabia... Que uma das moedas mais valiosas é a de um dólar americano datada de 1804, que hoje vale cerca de US$ 4 milhões?
- VOCÊ sabia... Que no Brasil o dinheiro passou por muitas fases e obteve vários nomes? Conheça alguns deles:

Real (R$): 1833. Também conhecido popularmente como Réis.

Mil Réis (Rs$): desde o segundo Império até 1942.

Cruzeiro (Cr$): desde a Segunda Guerra até 1967.

Cruzeiro Novo (NCr$): por conta da inflação, três zeros do Cruzeiro foram eliminados; o Cruzeiro Novo vigorou até 1970.

Cruzeiro (Cr$): Em 1970, o nosso dinheiro voltou a ser chamado de Cruzeiro e vigorou até 1986.

Cruzado (Cz$): em 1986, foi instituído o Plano Cruzado, que vigorou até 1989.

Cruzado Novo (NCzr$): no começo do ano de 1989, foi criado o Plano Verão, dando origem ao Cruzado Novo, que vigorou até 1990.

Cruzeiro (Cr$): em 1990, o dinheiro voltou a ser chamado de Cruzeiro, vigorando até 1993.

Cruzeiro Real (CR$): em 1993, houve inflação e a moeda em vigor era o Cruzeiro Real, que durou até 1994.

Real (R$): em 1994, o presidente Itamar Franco criou o Real, moeda válida até os dias atuais.

Uau! Quanta coisa bacana, né? Agora que você já sabe de tudo isso, conte-me se você já fez "escambo" com algum amiguinho.

Pense bem...

Conclusão

Amiguinhos, o tempo com vocês passou muito rápido. Vou me despedir agradecendo pelos bons momentos vividos durante essa aventura!!!

Passei lá no condomínio; fiz uma visita aos Amazings e fiquei surpreso com o que vi: a turma toda está guardando dinheiro para outros passeios. E tenho uma novidade: agora todos estão com os cofrinhos bem "pesados", sinal de que aprenderam bem a lição, ou seja, a melhor forma de viver a vida é curtindo os bons momentos com os amigos e fazendo com que o dinheiro sirva exatamente para isso.

Lembre-se: não faça birra, faça economia.

TIO NI

VAMOS MONTAR NOSSO COFRINHO

OLÁ PESSOAL! HOJE APRENDEREMOS A CONFECCIONAR UM COFRINHO BEM DIVERTIDO E BONITO COM O MEU ROSTO. VAMOS LÁ?

MATERIAIS

DO QUE PRECISAREMOS?

- Uma caixa de leite (ou de suco) 
- Tesoura sem ponta 
- Fita Crepe Branca 
- Tinta Acrílica

***Atenção: Tinta Acrílica é um produto tóxico. Somente utilize na companhia de um adulto.

PASSO A PASSO

01 Lave bem a caixinha para que ela não fique com cheiro de resíduos do leite ou suco.

02 Com a tesoura, corte a parte de baixo dois dedos acima.

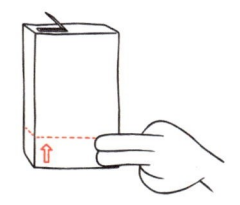

03 Depois corte a parte de cima quatro dedos abaixo, ou do tamanho que desejar (a parte do meio será descartada).

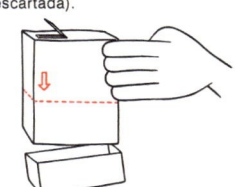

04 Se a embalagem estiver ainda suja por dentro, esse é o momento pra terminar de limpá-la. Depois pegue a parte de baixo e faça 4 cortes verticais (um em cada canto).

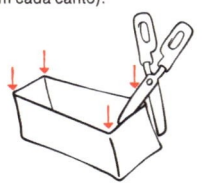

05 Abra um pouco os cantos da parte de baixo para que haja um encaixe fácil com a parte de cima.

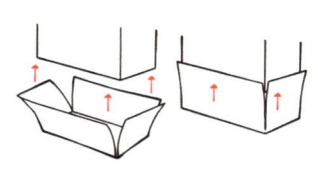

06 Depois de encaixar as duas partes passe a fita em volta para juntá-las e ficarem firmes uma na outra.

07 Passe fita na parte de cima de forma que sobre um pouco pra fora.

08 Com a tesoura, dê uma picada nos quatro cantos, em seguida os dobre pra dentro. Repita o processo na parte de baixo.

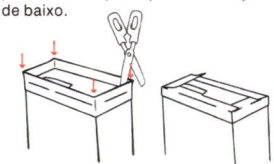

09 Se a fita ficar por cima da tampa, corte cuidadosamente em volta e remova os restos a fim de deixar a tampa livre.

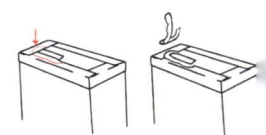

10 Passe fita no restante do corpo do nosso cofrinho até o final.

11 Agora é hora de pôr mão na massa e pintar o rostinho do Zureta sobre a fita: Pinte todo o corpo da Caixa de vermelho.

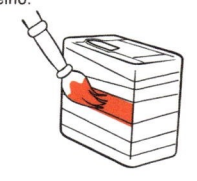

12 Com um lápis, faça um traço pontilhado bem fraquinho no meio da caixa. Ele servirá apenas para centralizar as coisas.

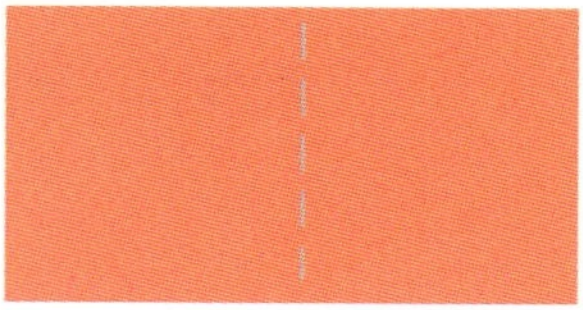

13 Faça uma oval (elipse) em cada lado superior da caixa, um na direita e outro na esquerda do pontilhado que você fez antes à lápis (como mostrado na ilustração abaixo). Esses serão os olhos do nosso Zureta. Então pinte-os de branco e contorne-os de tinta preta.

14 Em seguida, faça uma bolinha em cada olho e pinte-as de preto.

15 Como mostra o desenho, logo abaixo dos olhos, desenhe uma semi-oval (semi-elipse) horizontal (deitada). Tenha sempre em mente que você deve desenhar lados iguais se guiando pela linha pontilhada feita anteriormente à lápis.

16 Embaixo do Nariz, desenhe um arco como mostrado na figura abaixo.

17 Depois crie outro arco menor abaixo desse(observe a figura).

18 Em seguida, crie outro menor logo abaixo desse.

19 Quase lá! A língua é nada mais que outro arco dentro desse menor que você desenhou, só que invertido.

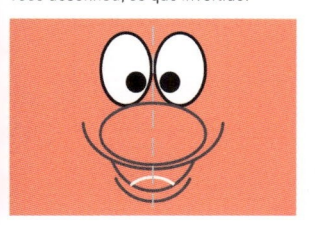

20 Agora é só desenhar as maçãs do rosto, sobrancelhas e as pintas do rosto como mostrado abaixo(destaque em branco). A língua você pode pintar de rosa-claro.

21 Lembrete:se não contornou o desenho de preto antes, faça agora.

E pronto!!! Nosso cofrinho do Zureta está feito!
Use-o para poupar com sabedoria seu rico dinheirinho.

Modelo de Diário de Caixa (bloquinho)

Data	Histórico	Entrada	Saída	Saldo

Data	Histórico	Entrada	Saída	Saldo

Modelo de Diário de Caixa (bloquinho)

Data	Histórico	Entrada	Saída	Saldo

Data	Histórico	Entrada	Saída	Saldo

sendo, adiar algumas frustrações na infância pode estar maquiando algo muito mais sério para ser resolvido na fase adulta desse pequeno cidadão.

Chego ao fim deste livro acreditando que consegui esclarecer algumas dúvidas relacionadas a um tema tão abrangente que diz respeito a formar crianças e adultos mais coerentes. E por mais precoce que possa parecer, levar as crianças ao mundo financeiro pode desenvolver um papel importante nesta vivência, independentemente da carreira escolhida. Essas crianças com certeza irão procurar agregar na hora da escolha o quesito remuneração, pois essas aprenderam que ganhar dinheiro não é pecado, que ser reconhecido é gratificante e que o sucesso é bem-vindo. Então, que venha o sucesso!

Conclusão

Quando falamos de educação financeira, temos que citar algumas palavrinhas: escolhas, adaptações, autonomia, independência, porém até que ponto estamos dispostos a largar as mãos de nossos filhos e deixá-los caminhar sozinhos?

É muito comum, para não dizer unânime, que nós, pais, não queiramos que os filhos passem pelas necessidades, pelas dificuldades e pelas frustrações pelas quais passamos.

Esquecemo-nos de enxergar que foram esses tropeços que fizeram o nosso crescimento. A maneira de educar será singular e pessoal, mas o objetivo final é comum a todos nós, posto que queremos nada mais do que a plena felicidade de nossos filhos.

Perca seus medos, ouça atentamente, preste atenção aos detalhes, e, principalmente, tenha coragem de fazer algo diferente para o que realmente é importante. Sabemos que a felicidade plena não existe e sabemos também que esse é o grande tempero da vida. Assim

6-Crie um plano para economizar e crescer financeiramente. Use o aumento da renda com sabedoria.

Seja disciplinado e fique com isso! Certifique-se de tomar apenas o nível adequado de risco, e, se necessário, consultar um especialista independente.

Quando a sua renda aumentar, resista a qualquer tentação possível que possa deixar as suas despesas subirem apenas por você estar ganhando mais. Invista nos ativos que produzem renda e crescimento.

Exemplos de ativos incluem propriedades de investimento, ações e até mesmo contas de poupança. (Esse não é um conselho de investimento e não substitui nenhum conselho que você possa receber dos seus próprios consultores financeiros). Mais uma vez, se for caso disso, consulte um especialista independente.

Esteja ciente de que itens como carros e casas grandes para viver tendem a engolir dinheiro e/ou depreciar em valor.

Em relação ao "foco no que queremos", a AHP diz essencialmente que onde nos concentramos, aumenta. Assim, por exemplo, se nos concentrarmos em algo como "não quero ser pobre", estamos focando em "pobre", enquanto que se colocarmos a nossa atenção nas coisas que realmente queremos, como o carro, a casa e as viagens, somos mais propensos a atrair isso para a nossa vida.

Aproveite um novo começo, a jornada e os resultados!

Te desejo riqueza garantida.

suráveis, significativos para você, declarados 'como se o agora' fosse certo para aqueles que estão à sua volta.

Cronometrado/datado e para o que deseja (sem negativos, nem comparações), ou seja, tangíveis. Esse último ponto, para o que você quer, é realmente importante. Isso é discutido no ponto sete abaixo.

2-Limpe todas as crenças limitantes que você possa ter sobre alcançar isso (por exemplo, em relação à sua dignidade, ao mérito, à capacidade de aprender/adaptar) ou crenças negativas sobre o dinheiro/riqueza em si (como o dinheiro é sujo, as pessoas ricas são ruins etc.). Existem várias maneiras de fazer isso e a PNL pode ajudá-lo.

3-Liste todos os motivos que você pode para ganhar dinheiro - tenha uma causa maior do que você!

Como você vai fazer o tipo de dinheiro que você quer? Dinheiro que possa beneficiar os outros em sua vida e no mundo em geral. Aponte para tantas razões quanto possível - pelo menos dez, talvez 100! Isso acumula motivação e determinação.

4-Torne-se o seu próprio diretor de finanças.

Crie seu próprio:

Balanço patrimonial (demonstrativo de ativos e de passivos) e o acompanhe pelo menos semestralmente a declaração de renda e de despesa, isto é, acompanhe mensalmente até que você tenha seus gastos sob controle, e, se útil, uma declaração de fluxo de caixa.

É importante manter a pontuação no jogo do dinheiro.

5- Analise as despesas e reduza sempre que possível.

a) Essencial.

b) Importante, mas não essencial.

c) Luxo, desperdício ou poderia fazer sem.

d) Acompanhe-o mensalmente até ter os seus gastos sob controle.

e) Abrir as torneiras e fechar os ralos, use o funil a seu favor.

Se você continua trabalhando, paga as suas contas e não sobra quase nada para poupar, como irá conquistar a riqueza garantida?

Saiba que não tem que ser assim!

Por enquanto, tudo o que sugiro é que você mantenha a mente aberta e continue lendo.

Dinheiro e consciência plena

Meu pai, um imigrante português, me contava sobre quando chegou ao Brasil, aos 18 anos, com dinheiro suficiente para passar somente uma semana, e construiu um patrimônio considerável. Desde essa época, fiquei fascinado por produzir dinheiro.

Estudei como pessoas simples fizeram, e, principalmente, analisei o que faziam para manter o que construíram!

Talvez o meu interesse pela riqueza seja uma das razões pelas quais escolhi economia como graduação.

Verdade seja dita, o meu forte desejo de aprender sobre finanças foi fator decisivo para gerar o meu próprio patrimônio.

Olhando para trás, as lições mais valiosas que aprendi sobre atrair riqueza e construir prosperidade financeira não vieram de cursos de teoria econômica. Em vez disso, esses conceitos que atraem dinheiro vieram do mundo em que a atitude, o hábito e o pensamento estão profundamente ligados para chegarmos lá.

Os convido a seguir alguns passos da minha metodologia - AHP.

1-Ter objetivos financeiros/comerciais. Tenha-os em mente. Pense e sinta o quão grande será para alcançar o(s) seu(s) objetivo(s).

Torná-los específicos, declarados simplesmente, men-

Prosperidade:
Aqui estão algumas das características da prosperidade que eu encontrei:

Muito.
Para ser além e acima, para abundar.
Avance ou obtenha qualquer coisa boa ou desejável.
Libertação, salvação.
Paz.
Mais do que o suficiente.
Avanço bem-sucedido em negócios ou empresas.
Completude, solidez.
Boa sorte.

Como você pode ver, a prosperidade não é tudo sobre dinheiro. A prosperidade é muito mais do que isso. É uma variedade abrangente de coisas boas para a sua vida, incluindo as finanças!

Riqueza:
Riqueza é a situação referente à abundância na posse de dinheiro e de propriedades móveis e imóveis; o contrário de pobreza.

Também se aplica à condição de alguém ter em abundância um determinado bem de valor.

A riqueza também pode ser medida pelo acesso aos serviços básicos, como saúde, educação etc.

Por que alguns indivíduos sem esforço parecem atrair dinheiro, enquanto outros quase o repelem?

Qual é o segredo deles?

Se você, como a maioria das pessoas, provavelmente tem um objetivo na vida de alcançar a independência financeira, encontrar o caminho para a riqueza pode parecer difícil, pois, assim como um *hamster* em uma roda, muitos não chegam a canto algum.

Riqueza garantida

Riqueza e prosperidade, assuntos que são tocantes por si só e que tendem a ser usados e abusados atualmente.

Por um lado, há alguns que ensinam que, se você acredita suficientemente, você pode ter toda a riqueza e toda a prosperidade que você poderia desejar. Claro, a fé e o trabalho são uma parte da equação, mas há muito mais do que isso.

Por outro lado, alguns tentam convencê-lo de que ser rico, bem-sucedido e próspero é algo a ser evitado - que quanto mais pobre você for, mais humilde você é, isto é, mais perto de Deus você se torna.

Outra verdade explorada é que a riqueza só é contraída mediante sacrifícios e que tudo que você abrir mão para usufruir se transformará em fortuna.

Para iniciar, precisamos esclarecer as definições de prosperidade e de riqueza.

Riqueza garantida

A verdade nisso tudo é que quem só gasta vive no vermelho e engorda as instituições bancárias, uma vez que sem poupança não há crescimento e nem riqueza.

Deste modo, quem consegue cumprir tal tarefa, deve ser invejado, tendo em vista as tamanhas tentações de consumo existentes.

Capítulo 6
Você sabia?

Recebi este *e-mail* de um amigo contador e achei tão interessante que resolvi compartilhar. POUPAR R$ 100,00 / DEVER R$ 100,00. Saiba a diferença entre poupar 100 reais e dever 100 reais pelo mesmo tempo, no atual sistema tributário e financeiro no Brasil.

Se um correntista tivesse depositado R$ 100,00 (cem reais) na poupança em qualquer banco, a ver, no dia 1° de julho de 1994 (data de lançamento do real), teria hoje na conta a fantástica quantia de R$ 374,00 (trezentos e setenta e quatro reais).

Se esse mesmo correntista tivesse sacado R$ 100,00 (cem reais) no cheque especial na mesma data, teria hoje uma pequena dívida de R$ 139.259,00 (cento e trinta e nove mil e duzentos e cinquenta e nove reais) no mesmo banco.

Capítulo 5
Vale a pena gastar de novo

A novidade possui um apelo motivacional muito mais forte. Quebrar o primeiro cofrinho ou gastar as primeiras economias será um momento único, porém precisamos recomeçar nossas reservas. As conquistas devem ser bem trabalhadas, deixando claro que a criança conseguiu atingir os seus objetivos e que isso é muito natural, pois ações positivas conduzem a resultados espetaculares. Introduzir neste momento um novo objetivo, de maior valor, pode ser desafiador, retome essa rotina de poupar com entusiasmo e com cuidados, pois você terá que administrar inclusive a ansiedade da criança.

Perseverança para criar o hábito do controle pessoal é necessário, a fim de que aprendamos que nos programando, economizando e aguardando o tempo necessário, nossas economias poderão nos proporcionar momentos fantásticos, porque gastar sem culpa é uma delícia.

Isso pode parecer tão absolutamente sem importância, porém não é, afinal, quando crianças somos condicionados a acreditar em certas coisas como verdades absolutas. Podemos imaginar que inofensivas frases citadas acima estariam ensinando que pessoas ricas não mereciam estar ao lado de Deus. Isso significa que devemos ser pobres? Outra frase impactante é a de que "o dinheiro não traz felicidade", de modo que várias vezes em meu "*coachtório*" recebi clientes insatisfeitos por não atingirem os seus objetivos finais, ao não se sentirem merecedores e nem dignos dos valores que lhes eram atribuídos, e, por meio das técnicas e das ferramentas do *coach*, possibilitava a quebra de paradigmas e a tomada de ações onde, ao final, esses clientes percebiam que havia uma auto sabotagem.

A relação que temos com o dinheiro pode nos fazer tanto regredir como progredir!

Não é pecado querer ter mais, afinal, sabendo respeitar todos os critérios de honestidade e de integridade, somos merecedores sim.

Tendo em vista que o meu público-alvo para esse livro são principalmente as crianças, a partir de hoje vamos ensiná-las a trilhar um caminho de prosperidade, de sonhos realizados, de tranquilidade no futuro e fazê-las entender que a felicidade e o dinheiro não são inimigos e que podem caminhar lado a lado.

Capítulo 4
Crenças e valores

Não muito distante dos dias atuais, havia um mito sobre como ganhar dinheiro. Aquele que o conseguia era, na maioria das vezes, prejulgado perante a sociedade e questionado a respeito do seu sucesso. O prejulgamento existia tanto para o indivíduo de família abastada, rotulado muitas vezes como "*bon-vivant*", quanto àquele que vinha de baixo e fazia fortuna, podemos chamar isso de crenças e valores, pois a ideia que temos sobre o dinheiro possui raízes mais profundas do que pensamos.

Quem não se lembra de ter ouvido em sua infância frases do tipo: "dinheiro não nasce em árvores", "meu dinheiro não é capim" ou "é mais fácil um camelo passar pelo furo de uma agulha do que um rico entrar no reino de Deus"...(?)

fase os erros e os acertos fazem parte do aprendizado que inclui fazer escolhas e até se arrepender delas.

Podem surgir momentos em que você poderá ter que emprestar alguma quantia para que o seu filho obtenha sucesso em suas novas conquistas. Faz-se muito importante que você e ele entendam como uma dívida a ser cobrada; não constantemente, porém de vez em quando é bom lembrá-lo da pendência que possui com você. Facilitar o pagamento pode ajudar, isto é, divida em algumas parcelas, pré-date algumas datas e faça valer as regras. Essa tarefa pode ser extremamente difícil, porque impor limites dá trabalho, exige tempo e gera muitos aborrecimentos. Manter pulso firme representa mostrar que pode demorar, mas ele conseguirá. Isso é importantíssimo.

Ratificar a honestidade e o "fio de bigode" fará perceber que os acordos foram firmados para serem cumpridos.

Ensine o seu filho a ser responsável pelos seus próprios atos, mantenha as suas promessas e deixe que ele aprenda pelos seus próprios erros. Assim que a mesada for instituída, não cometa o erro do dinheiro paralelo, isso representa uma péssima administração e o incentivará a estourar o orçamento.

Lembre-se de que você não tem um "ministro das finanças" em casa, não jogue obrigações demais sobre tão pouca idade, vá agregando responsabilidades aos poucos, a fim de não desanimá-lo, criando uma alusão de que ele não é capaz.

Semanadas e mesadas são excelentes ferramentas de aprendizado para a família toda, pois desenvolvem responsabilidades aos filhos e confiança na educação financeira aplicada pelos pais.

para o aprendizado. Contudo, todos os ganhos deste investidor mirim têm como fonte pais, tios, avós, padrinhos etc. Algumas alternativas que podemos utilizar como "pagamento pelo trabalho" seriam as doações de brinquedos e de roupas usadas, a ajuda na reciclagem de lixo e a atenção relacionada à água e à luz em casa, afinal, esse pequeno investidor não pode viver restrito a doações, também não podemos permitir que suas obrigações virem moeda de troca, porém um reconhecimento por fazer algo mais do que o combinado pode ser gratificante.

A partir dos oito anos podemos incluir o hábito de celebrar as conquistas, ou seja, até a compra de um simples sorvete merece uma pequena comemoração.

Ganhar uma carteira para guardar as notas também é incentivador.

A partir dos dez anos, podemos começar com as mesadas, pois diante de todas as fases vividas, essa criança terá completo entendimento de que todo dinheiro tem uma origem e um esforço exercido para obtê-lo. Neste momento, estipula-se a data do recebimento que deve ser cumprida com rigor, afinal, a intenção é que ela aprenda a se organizar. Grosso modo, a mudança de datas e a alteração de valores irão inutilizar o processo.

A quantia certa também deve ser discutida entre pais e filhos, de acordo com a renda familiar. Estude minuciosamente as regras desse acordo, por exemplo, o lanche escolar estará incluído ou não nesse orçamento? Converse com esse pré-adolescente e mostre o quanto ele pode gastar em média, desde que isso pareça mais uma orientação do que uma ordem. Evite se posicionar em como o seu filho gastará o dinheiro dele, pois nessa "diga sim para o que for possível!" e "não para o que for necessário".

Sentar com o seu filho e explicar o que significa um planejamento pode ser crucial para a saúde financeira dele.

Fazer com que as crianças entendam que existem datas, motivos e organização para que possamos ter o que desejamos também é fundamental.

Outra dica é mostrar-lhe que você abriu mão de algo menor para alcançar um objetivo maior, pois muitas vezes temos que abdicar de pequenos desejos para realizarmos grandes sonhos.

A partir dos cinco ou dos seis anos, que é quando a criança começa a aprender a contar, podemos iniciar com as semanadas, logo, a sugestão dada por especialistas é de um real por ano de vida por semana, pois nessa fase é muito importante que vocês questionem o que ela pretende fazer com o dinheiro.

Com o tempo, incentive a criança a comprar algo de maior valor do que aquilo que ela possui. Deste modo, você estará semeando um desejo de poupar. Não deixe de ovacioná-la pela sua conquista e compartilhe com os familiares e com os amigos diante dela a sua aquisição.

Aí vai outra dica: elogios são fantásticos.

Às vezes escondemos da criança as dificuldades que a família está passando. Sendo assim, cuidado para não sustentar um padrão de vida irreal, uma vez que devemos nos acostumar logo cedo a viver dentro de critérios e do orçamento familiar.

Outro erro comum é remunerar as crianças pela arrumação da casa ou pelas boas notas na escola, fica claro que a criança deve ajudar em casa, pois faz parte da família, e tirar boas notas, porque isso é importante

Capítulo 3
A hora é agora

Aos dois anos aproximadamente, a criança tem o primeiro contato com o poder do dinheiro, isto é, quando ela diz "eu quero" ou "compra" e alcança o seu objetivo facilmente, as reais necessidades passam a ser camufladas por vontades atendidas.

Essa idade nos permite uma ótima oportunidade para presenteá-la com o primeiro cofrinho.

Dado o fato, fica sob orientação dos pais explicar que quando o cofrinho estiver cheio, ela terá o direito de comprar um lindo presente ou ainda vários presentes de menor valor. Dessa forma, estaremos ensinando a criança a ter a noção do real valor das coisas.

É muito importante que os pais sejam firmes e digam não.

Uma regrinha básica e eficaz neste momento é

Hoje, com um mundo tão cheio de oportunidades, ter uma vida financeira tranquila, me perdoe o trocadilho, é como ganhar na loteria. Desta forma, a minha abordagem tem como interesse norteá-los para cuidados com uma vida financeira básica, e, independentemente da sua profissão ou da carreira que os seus filhos irão escolher, trata-se apenas de tornar um hábito saber poupar e gastar de uma forma proveitosa e lucrativa.

Quando realizamos o sonho de sermos pais, as expectativas criadas em torno desse novo membro da família dizem respeito ao primeiro sorriso, aos primeiros passos, às suas primeiras palavras e a muitas outras aflições. A importância da situação financeira aparece somente na adolescência, quando nos deparamos com a livre arbitrariedade própria dessa idade. Neste momento, deixamos de ser comandantes e passamos a ser aliados ou inimigos.

Vivíamos num mundo confortável, onde o dinheiro entregue chegava ao seu destino final, por exemplo: o dinheirinho reservado ao lanche diferenciado às sextas-feiras na escola, diga-se, tinha o seu objetivo concluído. Já na adolescência, o máximo que podemos chegar é perguntar: "para que", "por que", "onde" e "quando" e acreditarmos nas respostas dadas.

Percebemos então que educar financeiramente uma criança envolve outros processos na vida, engloba sonhos, realizações, disciplina, limites e tolerância.

Acredite, ensinar os seus filhos desde cedo mediante atitudes e exemplos valerá muito mais do que bons conselhos e enormes discursos.

Na teoria, não é difícil descobrir qual o exemplo politicamente correto, porém na prática é muito difícil detectar o erro no ímpeto do momento de tomar a decisão correta.

Um dos princípios de uma vida financeira sadia é dar valor a todas as conquistas, pensar no que se está adquirindo e se realmente é necessário. Vindo a comprar, dê o valor devido, você tem que ter respeito pelo dinheiro. Aliás, trata-se de um papel, transformado em um bem, não importando se de consumo ou de serviço. Em suma, neste momento mostrar aos filhos o poder saudável do dinheiro, e que ele está presente em nossas vidas para trazer prazer e bom convívio, será fundamental!

Exercer o hábito do economizar, apontando o desperdício como um fator dificultador, já são dois passos para tomarmos o caminho certo na bifurcação de nossa vida financeira.

A criança tem uma enorme facilidade de absorver os ensinamentos, e, principalmente observando os nossos atos, a consciência da ausência que nos afeta de forma veemente faz com que a criança entenda que tudo na vida pode ser trocado, ou seja, as trocas vão sendo alastradas e as indiferenças passam a ser facilmente jogadas no lixo. Hoje é um chocolate, mas amanhã pode ser algo de maior valor financeiro ou até mesmo os sentimentos, por exemplo, amigos, emprego, casamento, portanto, o amadurecimento depende de como essa criança irá lidar com as situações focadas nos "nãos" e nas frustrações que tais situações irão lhe causar.

A finalidade desta leitura é indicar o que é correto e tornar os seus filhos pessoas que tenham o hábito de saber trabalhar com o dinheiro.

— Mas, pai...

— Rafa, você juntou o dinheiro para vir aqui, não foi?

— Sim, mas vou dar todo o meu dinheiro? – Falou o menino indignado.

— Pague a moça que depois o papai te ajuda a juntar outra vez, mas agora não tem jeito, precisa pagar. Você não brincou bastante? Então...

— Está bom. – O menino coloca no balcão várias moedas, finalizando o pagamento.

Esse exemplo pode parecer extremamente demagogo, mas se você notar a lição de vida que esse pai está dando para o filho, fica claro que ela é de responsabilidade econômica. Essa história poderia ter outro final, caso o pai na hora deixasse para lá e pagasse.

O pai com isso mostrou estar em sintonia com a criança em todos os degraus financeiros, primeiro o poupar, depois a meta do guardar, e, por fim, o consumo desejado.

Já no outro exemplo, procurei um oposto drástico, onde os pais, próximos da lanchonete, perguntam ao filho que chocolate ele quer, o menino aponta o primeiro de que mais gostou, dá a primeira mordida e responde prontamente:

— Eu não gostei. Quero outro.

— Mas você nem provou direito.

— Já falei que não gostei.

— Está bem. Pega outro.

E isso se repetiu mais de uma vez. Desta feita, educar é uma técnica muito singular, e, por mais que você erre, a intenção dos pais é sempre acertar. Nesse exemplo, acredito que a questão vá além do problema financeiro.

Não sei o poder monetário dessa família e até que ponto dois ou três chocolates vão interferir no seu orçamento, mas num futuro próximo será que essa criança vai entender receber um "não" como resposta?

Capítulo 2
Vamos tentar economizar?

Minha experiência junto com pais e com filhos decorre por mais de dez anos trabalhando no segmento de parque infantil, onde muitas vezes estive nos pontos estratégicos da empresa, ora na recepção, quando as crianças chegam eufóricas para brincar e pouco importa o quesito econômico, ora nas lanchonetes, e, por fim, no caixa.

Neste momento é que você percebe o que está acontecendo na cabeça e no bolso de pais e filhos.

Presenciei várias situações e vou relatar duas que eu acredito que irão ilustrar polos totalmente opostos no âmbito da cultura de administração econômica.

A primeira ocorre no caixa do parque, o pai chega, vira para o filho, que tem apenas oito anos, e fala:

— Rafa, precisa pagar.

Com um olhar otimista, torna-se muito mais saboroso nos dias de hoje lidar com o dinheiro, assim, é maravilhoso saber que podemos decidir entre consumir ou poupar, salientando que esta leitura não é para te tornar um forte poupador. Tenha uma visão equilibrada entre o gastar, sempre respeitando os seus esforços diários, suas reais necessidades, e o guardar, transformando o seu dinheiro em uma forte ferramenta de poder. Respeite a si mesmo e vamos à luta.

modo que a nossa primeira atitude de "presença" é a permissividade. Sabendo que muitas vezes o certo era o "não", a repreensão ou o castigo, contrariamos todos os nossos princípios, as nossas crenças e os nossos valores, assumindo e permitindo "sins" indevidos.

De forma dolorosa moldamos os nossos filhos a condições que nem sempre estamos de acordo, por sua vez enfrentando um ciclo conflitante entre a educação social e a educação financeira. Nossos comportamentos podem afetar de forma negativa algumas das nossas saúdes.

Estamos aqui para falarmos sobre a saúde financeira, sobre conviver com perdas e com bens adquiridos e sobre como o próprio consumo de marketing imposto todos os dias faz com que muitas vezes assumamos dívidas e compromissos aquém de nossos recursos.

Um obstáculo maior a ser derrubado são os paradigmas infiltrados por meio de nossos ancestrais, que, num mundo não tão remoto, venciam simplesmente pelo fato de guardar suas economias debaixo do colchão, logo, administravam, planejavam e realizavam, tornando-os demonstrações em forma "bruta" de sucesso.

Hoje sua vida financeira é muito mais abrangente, lidar com alguns "bichos papões" da vida moderna é muito mais difícil do que guardar dinheiro debaixo do colchão. Aplicações financeiras, bolsa de valores, câmbio, consumo elevado, inflação controlada e facilidades de crédito ao alcance de qualquer pessoa com maioridade: tudo isso junto e misturado pode virar uma sobrecarga de responsabilidades e de oportunidades, que, se não forem bem analisadas, podem comprometer a nossa saúde financeira.

Capítulo 1
Papo informal

Caros pais, não é novidade para ninguém que vivemos em uma geração extremamente capitalista e totalmente voltada para o "vil metal".

A minha motivação para falar sobre esse tema não foi pela minha experiência acadêmica de economista, mas sim pelo simples fato de conviver com pais e com filhos, tentando criar uma sintonia harmoniosa de consumo e de liberdade contra a economia e a permissividade.

Entrar nesse mundo cada vez mais dolorido do "não" (síndrome da "minha culpa tão grande"), que assola as famílias num todo, é delicado, a culpa vem pela carga horária enorme; nosso dia começa e termina de forma tão rápida, que cada vez mais estamos convencidos da escravidão imposta pelo tempo, ou seja, corremos atrás de um precioso momento para estarmos com os nossos filhos, e, quando isso acontece, vem carregado de uma forte sensação de ausência, de

Boa leitura!

Anibal Teixeira

Pres. do Instituto *Be Amazing Professional Finance Coach*
Consultor financeiro

Apresentação

Noções básicas de economia e de educação financeira deveriam estar na grade curricular de todas as escolas, pois acredito que na infância é primordial estimular e iniciar de imediato a importância do dinheiro: hábitos que exigem disciplina e controle.

Quando decidi escrever este livro, pensei em chamar a atenção de pais e de filhos com um tema que necessita às vezes do uso de alguns termos técnicos; algo, logo, que nunca ficaria elucidado no mundo infantil.

A alternativa foi dividir o livro em duas faces: a dos pais, procurando mostrar de forma abrangente as dificuldades da educação econômica infantil, e, posteriormente, a de forma didática, como uma estória com personagens, passando a mesma técnica que faça sentido para as crianças.

Aproveitar bons momentos entre pais e filhos sempre é muito agradável, e, com esse tema, presumo que não vai ser diferente.

O que eu mais desejo é que vocês procurem saborear essa leitura de forma gostosa e desafiadora, isto é, o cofrinho é um incentivo para vocês viverem na prática o gostinho de economizar, de poupar e de realizar.

Ivana Moreira

Jornalista, colunista da rádio BandNews FM e do jornal Metro, diretora da Canguru (plataforma de conteúdo sobre a primeira infância voltada para pais e educadores).

meus pais, com a melhor das intenções. E como eu não tinha mesada para juntar nem idade para trabalhar, me sobrava um método bem eficaz: dar o sorriso mais charmoso que eu pudesse para pedir tudo o que eu queria a eles.

Não aprendi a esperar semanas até juntar o suficiente para comprar aquele tão sonhado brinquedo (vestido, sapato, bolsa, perfume...). Nem a fazer sacrifícios e poupar dinheiro para ver a compra se concretizar mais cedo. Não aprendi que é preciso fazer escolhas porque os recursos são escassos. E o pior: não aprendi a ensinar essas coisas para os meus próprios filhos. Precisei, já quarentona, recorrer a ajuda profissional para fazer uma total reprogramação financeira na minha vida e da minha família.

Não por acaso sou uma defensora ferrenha da educação financeira desde o jardim da infância. Os valores que as crianças aprendem em casa, com os pais, vão determinar o modo de vida que levarão quando adultos. Não faltam estudos da neurociência para comprovar a relação direta das vivências da infância com o comportamento na vida adulta.

Trabalhos como o do mentor Aníbal Teixeira são ferramentas valiosas nas mãos dos pais – e sei disso como poucos. Se você quer que seus filhos tenham riqueza garantida, se jogue nesta leitura leve e de fácil assimilação por crianças e adultos. Ter riqueza não significa necessariamente ter um montão de dinheiro aplicado no banco. E sim saber tirar o melhor proveito dos recursos financeiros que o trabalho rende a cada um de nós, garantindo qualidade de vida para a família. Se você quer garantir esse tipo de riqueza para seus pequenos, comece a ler agora!

Prefácio

Riqueza plantada na infância

Durante a maior parte da minha carreira como jornalista, falei sobre economia e finanças. Fui correspondente do jornal Valor Econômico e colunista da rádio BandNews FM. Mas a verdade é que sempre tive grande dificuldade para aplicar na minha própria vida o que dizia aos leitores e ouvintes. Era como se meu cérebro não fosse capaz de processar as informações que eu mesma divulgava. Eu simplesmente não sabia lidar com dinheiro. "A Ivana ganha muito bem, mas gasta excelente", costumava brincar minha mãe. A conta simplesmente não fechava.

Levei muito tempo para entender que a raiz do problema estava na minha infância. Na relação que construí (ou não construí) com o dinheiro. Não foi culpa dos meus pais, claro. Eles não sabiam como criar filhos financeiramente responsáveis. Antes deles, meus avós também não sabiam. Era um ciclo de falta de educação financeira. Lá em casa, por exemplo, criança não ganhava semanada ou mesada. Era preciso trabalhar para ganhar o próprio dinheiro – era o que afirmavam

Índice

Prefácio..................................9

Apresentação..........................13

Capítulo 1................................15
Papo informal

Capítulo 2................................19
Vamos tentar economizar?

Capítulo 3................................23
Agora é a hora

Capítulo 4................................27
Crenças e valores

Capítulo 5................................29
Vale a pena gastar de novo

Capítulo 6................................31
Você sabia?

Riqueza garantida..................33

Conclusão..............................39

Agradecimentos

à Katia, minha esposa,
pelo apoio e carinho
incondicional.

Copyright© 2018 by Literare Books International.
Todos os direitos desta edição são reservados à Literare Books International.

Presidente:
Mauricio Sita

Capa, projeto gráfico e diagramação:
Nathália Parente

Revisão:
Camila Oliveira

Ilustrações:
Lino Germano

Diretora de Projetos:
Gleide Santos

Diretora de Operações:
Alessandra Ksenhuck

Diretora Executiva:
Julyana Rosa

Relacionamento com o cliente:
Claudia Pires

Impressão:
Impressul

Dados Internacionais de Catalogação na Publicação (CIP)
(Câmara Brasileira do Livro, SP, Brasil)

```
Teixeira, Anibal
    Riqueza garantida / Anibal Teixeira. --
São Paulo : Literare Books International, 2018.

    ISBN 978-85-9455-102-3

    1. Crianças - Finanças pessoais 2. Educação -
Finanças 3. Literatura infantojuvenil I. Título.

18-19763                              CDD-028.5
```

Índices para catálogo sistemático:

1. Educação financeira : Literatura infantil   028.5
2. Educação financeira : Literatura infantojuvenil
    028.5

Maria Alice Ferreira - Bibliotecária - CRB-8/7964

Literare Books
Rua Antônio Augusto Covello, 472 – Vila Mariana – São Paulo, SP.
CEP 01550-060
Fone/fax: (0**11) 2659-0968
site: www.literarebooks.com.br
e-mail: contato@literarebooks.com.br

RIQUEZA GARANTIDA
TRANSFORME BIRRA EM EDUCAÇÃO

RIQUEZA GARANTIDA

TRANSFORME BIRRA EM EDUCAÇÃO

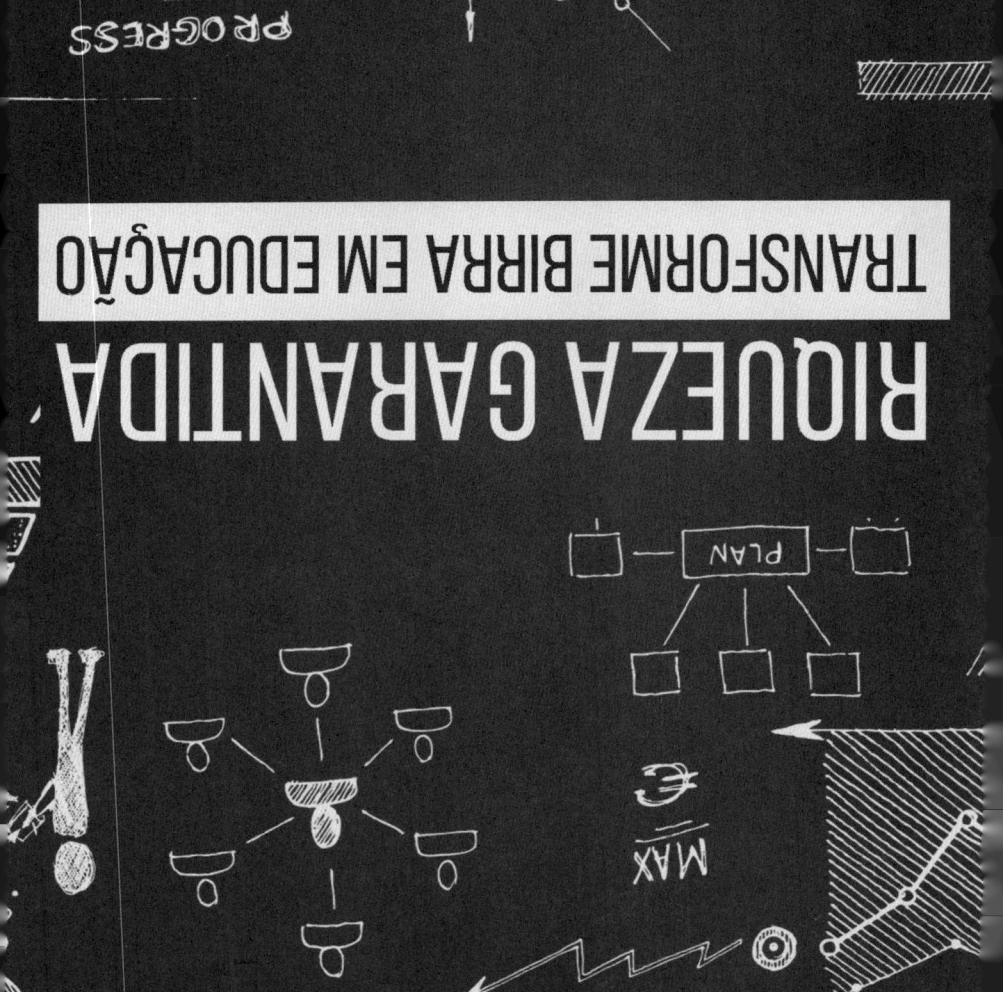

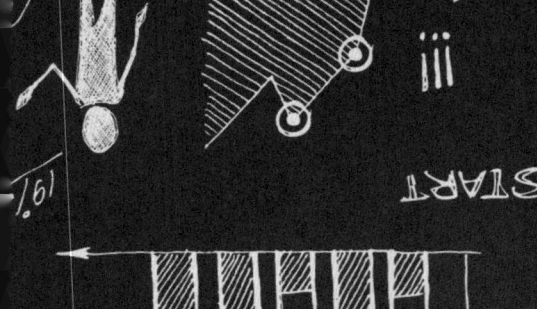

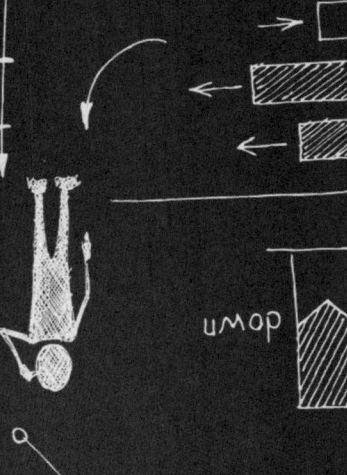